A un paso del mundo

Carlos Madrid

Dedicado a **Karen Yaritza**, mi esposa y a **Carlos Yacet**, mi hijo que son la energía envolvente que mueven mi mundo.

Prólogo

Escribir poesía, es uno de los actos sublimes del alma que sale al encuentro de la totalidad de realidades que circundan nuestra existencia. La palabra, el arte, como reflejo de las condiciones sociales, económicas, culturales y políticas que nos rodean, como instrumento de cambio, educación, toma de conciencia; impacta en la vida de los seres humanos y en el caso de la poesía revoluciona y evoluciona totalmente el pensamiento.

Me encuentro con la grata lectura del poemario "A un paso del mundo", del poeta y maestro Carlos Madrid, una de las voces frescas y jóvenes de la poesía hondureña, a quien desde ya le decimos: ¡ADELANTE POETA! Su país, el mundo lo necesitan. Leerlo significa encontrarnos con una voz que dinamiza la literatura con la búsqueda de nuestro origen, nuestra identidad; conjugando su trabajo con claras y contundentes figuras literarias, que nos hacen identificar la belleza de la vida.

Exaltación de la naturaleza, preocupación por una patria cada vez más deteriorada en todos sus aspectos, valores morales, corrupción y menosprecio a las más altas virtudes de nuestra existencia. Una denuncia que no solo hace eco en su país si no en forma universal.

Los niños de la calle, un compromiso del poeta a esos seres olvidados, ignorados en nuestros países y solo tomados en cuenta para fines perversos de propaganda y de ambiciones personales; exaltación de la mujer, como un ser humano donde su esencia es cantada en su poesía desde su origen y su desarrollo en una sociedad marginadora y manipuladora.

Su poesía trasciende con su excelente evocación a Mesoamérica, grito fuerte que desnuda un continente en su cruda realidad. Y así, vamos avanzando en el recorrido de la lectura de su poemario, donde nos encontramos con la preocupación de la deshumanización debido a la enajenación de la tecnología, suplicando el retorno de los valores universales que nos sacarán poco a poco de este crudo y oscuro contexto de injusticia, de explotación que nos carcome y nos mata cada día.

La Pandemia, el sufrimiento de los más desposeídos y el retorno a una nueva realidad, no deja de inquietar su profunda sensibilidad.

Les dejamos en sus manos queridos lectores, este hermoso poemario, donde la patria lo es todo, con su gente, sus virtudes, afanes, dolores, sufrimientos, esa maravillosa búsqueda del origen de la vida, súplica a un ser superior... DIOS... DÓNDE ESTÁ...

pero sin perder de vista la esperanza de la lucha, una lucha que solo puede concretarse con la activa participación y compromiso de cada uno de nosotros en la liberación del hombre en armonía con su medio ambiente, el universo y sus semejantes.

En buena hora poeta, abrazos.

Santiago Vásquez
maestro, poeta, cuentista.
Ahuachapán, El Salvador,
Centro América.

Indice

Anciano del bastón

Firme estructura barroca
y roca rompeolas de mar alborozado
resistente y resiliente
como vientre alumbra vida
unas veces de hospital paciente con alma de
otro mundo
otras, calma acerada y asequible al consejo
sabiondo
provisto de amor profundo
ayudante inédito y persistente
hermano mío de viejos caminos
y peces frescos.

Tus manos forjan otro destino
como acariciando la sombra de aquella Ceiba
tu memoria perdura confinado al recuerdo
ancestral
y los alelos de tu cielo me sonríen al amanecer
en una niña soñadora y el mañana que tendré
vivifico tu vida en compañía del café que se
fue
esta tarde lluviosa de un mundo viajero
en el que voy de pasajero
aligerando los días al pasadizo secreto
que siempre me lleva a playa escondida
y gaviotas fulgurantes y arenas diamantes
que la noche me roba y la mañana cobra
y la tarde maniobra al papelote reventando
el hilo
por el que quiero subir a viento libre y
solo tengo al bastón y se fue mi anciano.

Silencios rotos

Hagamos mil pedazos del silencio
que el viento de la historia
muestre el lugar que tomó
juntos hagamos verso, canción y cuento
renovemos, la heredad
sembrémosle amor, vientos en calma
alegría y esperanza.

Por ahora cada pedazo de mil...y muchos
más
al choque se fundan libertad
cristalicen amalgama, magma, magia, mito,
sobriedad
rompamos el silencio en mil palabras libres
escribidoras al oído los climas por venir
sea coro, prosa, poesía y rosa
sienta vitalidad y universo
seamos al fin
pueblo sin frontera
nación que se espera.

Rompamos el silencio en mil pedazos y más
acción, bravura, unidad, pensamiento
somos la historia mañana presente
libres de apego aves migratorias
alma y pecho sueltos

Rompamos siempre silencio
ideas luminosas mar pinta horizontes
jilgueros y cenzontles
jugando bajo la luna

cielo de fortuna mañana alumbra.

Rompamos el silencio
libros inmortales iconoclastas asustadizos
gente libre fuego abrazador
vida recobra su faz
aroma a jardín rosal paladín
dialéctica melodía esperada
fragancia esparcida
el silencio
vive ahora en santa paz.

Amor de estrellas locas

Doña luna sola avanza
con su luz en cuarto menguante
le parece dulce alabanza
sus cachos adornados
dan sentido a su existencia
la noche quiere fiesta
se siente brillante, ligera y esbelta
al amor espera sin escolta.

El sol caballero enamorado
corazón enrojecido
entusiasmado sueña,
la magia imagina su adorada
piensa, belleza es amar
a la señora luna quiere enamorar.

Ella feliz en su órbita
anhela su umbral él pueda deslumbrar
una apacible fogosidad Vía Láctea incendiar.
disparate o escándalo
¿el crítico sabe de entrega celestial?
vivir y no amar es haber nacido muerto
el amor desciende en rayitos, nubes y lluvia
en veloz carruaje
avivando la voz del amante
sentimiento de emociones compartidas
en juego azaroso la indómita se deja amar
el detalle como estilo
como llovizna que diluvia
hacerte luna llena
en mi boca una estrella loca.

Como Adan y Eva

No coman del árbol prohibido nos dijo
y solo con eso uff que apetitoso se volvió
le veíamos todos los días
hasta que no pudimos más
y conscientes fuimos del bien y el mal
ese amor nos echó del huerto
lanzados al valle nos hizo
al valle de lágrimas...

Y hoy
nos calentamos la vida
con montañas agrestes frescas
leña, chimenea y estufa estelar en compañía
de atardeceres
amanecemos al abrigo de naturalezas
que regalan música de aves, ranas, grillos y
abejas
en los cielos vemos nubes de pájaros manadas
de estrellas
que nos prometen larga vida a los infieles del
sistema
tornasoles   nidos   deleite   de   poemas   y
paradojas
ríos de encanto, mantos grises y azul turquesa
como la ventana de mi amada
sabemos ciencia música gastronomía y otras
tonadas
viajes a la playa a la milpa, arena y agua de
coco,
dulces mermeladas y otras carambadas
sabemos de fe y santería, y otras yerbas

ancestrales
¿expulsados?
vale más, de habernos quedado
hubiésemos muerto de ignorancia
estaríamos cubiertos de desnudez
míseros de sabor y sazón, fe y razón
que bien que no fue de otro modo
mi amado tesoro, mi ave, mi Eva
el incidente nos reconoce sabiondos
en este Macondo.

Mi estrella favorita

Te veo
mar abundantes recursos
te nombro vida
nado fuerte
a ratos mi agitación desmayo
y te juro, vivo por tu sola presencia.
Mi estrella favorita
de día
me desfigura tu ausencia
de noche verte me existe.

Te veo
sombra del almendro
caricia tierna de luna llena
espero llenar mis redes
repletas de tu calor ausente
vivo solo en mi recuerdo
pescar en las corrientes del amor
yo Martín Pescador lanzándose en picada
sin miedo a perder el pico en la tirada.

Me ves
luz de estrella mañanera
primera mirada deseas encontrarme
y yo en este torbellino
ahogándome en rápidos grado seis
silencioso ruido estridente
me pierdo me muero por el encuentro
me ves al atardecer
junto a la estrella de la noche
acompañante eterno de luna

como si fuésemos tú y yo.

Salgamos del laberinto
acordemos un punto ciego de encuentro
en este universo o el venidero
pactemos la sincronía circunstancial
aunque dure un segundo
habrá valido la pena el dolor sufriente
gocemos exquisitez amorosa el brebaje
y hagamos uno de nosotros.
uno sin barreras
uno sin espacio ni tiempo
uno que aunque dos siempre uno
uno de propósito compartido
uno somos
Dios nos confirma
mi estrella favorita.

Niños de la calle

Adultos a temprana edad,
sin amparo de los suyos
o abandonados por ellos
viven al momento
con fugaces alegrías
sin saber del mañana.

¡Que felonías!

Unos con madre
otros sin padre
la verdad más cruda
incomparable inaceptable
niño de la calle
no juegas ni a los maúles
por afable ya te transgredió
el inescrupuloso perverso.

¡Terrible situación!

Dolor, sufrir, morir,
el diario vivir un calvario,
ausente en los diarios
vejámenes, mulas, esclavos
más duro
ni los clavos de Cristo;
cuando les abres el oído
y escuchas su corazón
te aseguro, escalofríos recorren tu memoria
suda el piso con su historia
contemplar sus tiernas vidas

mueve la tierra y los mares vomitan
a los justos desaparecidos.

¡Piensa en sus derechos!

Sus vacíos llenan momentos
terminando en lamentos
Honduras más profunda:
resistol, marihuana, licor, tabaco,
te pones flaco,
que tortura vivir así
cada día otra pesadilla
y los padres...de la patria,
¿dónde están?

Los Niños,
ni en la calle, ni de la calle
en la escuela el jardín la alegría
griterías esperanzas sueños,
porque son niños, nuestros niños,
la familia de mi país
mi patria grande.

Buscando respuestas

Hoy vi al cielo contemplé el firmamento
con una plegaria al eterno
descendí en un instante el largo trayecto
en búsqueda inefable
Dios no responde juega a las escondidas
del peregrino caminante.

¿Dónde se hallará?
en los cielos, no comprendo
en las autoridades, no confío
en los estados, ¿aún hay?
en los gobiernos, ¿para qué?

¿Dónde estará?
seguí sigiloso llegué a la gente
vi niños, jóvenes y su alegría interminable
vi a las mujeres y sus grandes luchas
vi a los hombres y sus ocupaciones
vi sus familias y sus hermosos sueños
vi sus barrios y colonias en perfecta armonía
la respuesta a lo soñado
Eureka...hicimos la travesía
el transepto a un mundo mejor.
donde se vive con amor y sabor
a todos sobra y a nadie falta
balanza justa, verdadero camino
esplendor de vivir como hermanos
Dios no se esconde

nosotros somos la respuesta.

Mesoamérica

Hoy hablo del centro de la tierra
mi eco llega al infinito
para cantar al lampo de cielo
notas con rítmicos acentos
desde la tierra del fuego
regalo preciado de Dios
para la vida del indio y el negro
del mestizo y extranjero y el andino.

Terruño donde nace cultura
y ayudar al hermano
es atestiguar un te quiero.

Geografía paisajista y abstracta
de pintor constructivista
antropología ancestral milenaria
irrigada por gente con saber
espíritus que comunican el ser
el sentir, el olor, el conocer.

Canto, baile, danza
remedio casero,
chiste, costumbre, folklore,
mesoamérica puro amor y alegría.

La mujer, el niño, el anciano
el hombre, el grito, puño en alto
la madre, la oración, y la comunión
la revolución paz cosechada.

Después de sembrar libertad y justicia
ideal que prevalece en diversos modos
amainando la expansión materialista
en lenguas sempiternas
con mensajes a los dioses
y sus bendiciones
esto y mucho más
Mesoamérica.

Mujer

La palabra, la imagen
concepto y capacidad
por defecto a su afecto
olvidas amarte perdonarte
¿cómo no cuidarte?

Mujer
que en correlación divina
como Dios amas primero
llegando al culmen del desapego
libertario y martirial
matinal y maternal.
Mujer, expresión de emociones
esencia de pureza
frasco de fragancias
lágrima y mirada
en ti encuentro universo palpitante.

Mujer engalanada en todas sus formas
jardines, aromas, jazmines diosa
arcoíris, color, luna y pasión amante
mujer de tanto amar olvidas.
Tu extracto Mujer
vez una estrella fugaz
encriptas mensajes amorosos
a tu ícono que aún recuerda tu calor
con el murmullo de aves
bonito distractor al perspicaz observador
mujer verte feliz alegra mi vida
por eso te amo
mujer sin revés.

Generosidad

Me eché un chapuzón en tus corrientes
y me llevaste a las profundidades del
pensamiento
a las corrientes de tu océano subí.

Volé por el viento de tu cielo me impulsaste
a donde jamás alguien ha llegado
hice piruetas en el espacio azul profundo
y mi bandera se cayó
y me regalaste
el pabellón de la raza humana.

Puse en suelo una semilla
y me obsequiaste un bosque maravilloso
cargado inmensurable en flora y fauna
ríos de peces plateados y más colores.
sembré una huerta
proveyó alimento al mundo tu infinita
misericordia.

Eres tan generoso
que al cansarme obtuve reposo
en la más hamacas de tu confortante paz
a la frescura del Guanacaste
grevillea robusta y en la sombra del amate.

El desapego acto de libertad
llenar el vacío entero
aunque su empaque no se vea
no somos esclavos del tiempo
sino libres en la vida y más allá.

Ekhombre soberano

En la obscuridad del tiempo
aletean demonios de noche
hacen mucho ruido
que despiertan al insomnio;
y el hombre hace derroche
de esta humanidad adolescente
como peste que trasnocha
a la espera de su próxima víctima
insolente y sin juicio
perjuicio y prejuicio
así misma se desdeña,
tejiendo la telaraña
una pericia nueva
para liberarse del tribunal.

Su pretensión
dominar el camino de la ciencia,
y el conocer le engaña
soñando otra vez el alba
en el intento pierde conciencia
absorto y meditabundo queda
hay misterios que no se desentrañan
vagando por el mundo a ninguna parte llegas
va con su bulimia y anorexia de pecados
para el rumbo de sus coordenadas ya no hay
destino
hoy gobierna la obscuridad.

No hay atardeceres que esperar
ni melodías en el areópago
ni mediodías luminosos

solo padecer
ni otro día nace a los otros,
y carente de escaleras
que le suban hasta el mar,
y en la pradera un Lobo
caza vestido de oveja
solo por placer.

Corruptible ciclo vicioso
sus cadenas matan por dinero
en el hemiciclo inescrupuloso
un dictador se ha entronizado
al pueblo ha sucumbido
desconociendo su soberanía
aplican severas leyes
la gente padece cruentos daños
en este laberinto nadie sale al brinco
en una choza apuntalada
aún vive un spot del ingrato.

Democracia

Pesadilla de estos días
el imperio la lleva a todos
¡ay! del que la rechace
bárbaro mordaz
el continente celebra otro domingo,
otro domingo sin opciones
digo, sin elecciones.

Democracia poder olvidado
grecia suprema
alcanzada por modelo infecundo
donde tsipras (cifras) no cuadra
porque la injusticia
no es asunto de contabilidad estatal.

Democracia
cuanto desbalance al cuadro obrero
que agencias privadas
cualifican la maldición hoy
a unos con –E
y a otros con doble AA
en nombre del progreso.

Democracia
puñado de ladrones
del templo y estado,
en el culto y todos los rincones.

imponen cargas pesadas
sepulcros blanqueados.

Democracia
falsa comparsa,
plaga multilateral
diplomacia armada transnacional
demos gracias a la democracia
la desgracia de hoy
esto es la democracia.

¡Vaya ecosistema!

Las voces, los rumbos, los tumbos
y otros, canecas llenas
las voces, los miedos, los incendios y medios
códigos del lenguaje laxo
que leídos al revés encantan
y al Derecho matan
o dejan maltrecho.

Ecosistema
que blasfema y quema
la cultura empolva
en santuarios bibliotecas
densa nube de palabras y ceniza
aunque a prisa corre
el pensamiento suena hueco.

El sistema se cayó,
lo empujaron y se fracturó
su tuétano carcomido,
a todos puso precio
una alforja llena
según el azar del sortilegio,
para corruptos privilegio
para honestos encierro o destierro
reclamo de libertad encarcelada por decreto.

Ecosistema
desprecio el precio,
el aprecio despacio arroba aliento;
coludido y complacido corruptor
elimina su mapa y roba los recursos del

vecino
al amparo de jueces fiados
ecosistema podrido, laxo y vano
vive el pueblo
así
harto de urnas
hambriento de ciudadanos.

Robots

Tanta novedad
me roba la humanidad
me embulle y embelesa
del día a la noche
24/7
la locura de hoy
tics, tik toks, videos, memes,
whatsApp, Facebook, Instagram
redes sociales, anuncios,
degrado enfados
molesta quitarse el móvil
duele el cuello y ojos
es abrojos
murió la voluntad de ser
me arrojo una y otra vez
a los brazos de la desgracia
querer no poder
estoy drogado
ni las locuras del terapeuta ayudan
¿a dónde voy?
olvidé quien soy
no sé si es alzhéimer
o deseo incontenible
me siento terrible
necesito auxilio y sin plus para pedirlo
a esta hora sin día que importa
el grito del vecino
si va o vino
muy a lo lejos escucho
a mi juez interior
hablar con suave susurro

como mar en calma
y un atisbo de lucidez
viene y me abandona
ayer la vida huyó por la ventana
del aquel viejo recuerdo.

Dubitativo pienso
saber si habrá mañana
mujer sigue hablándome
de repente caemos a la fuente
y volvamos a humanizarnos
y por fin descanse
el robot que nos invade.

Nueva pedagogía

Un canon coro unísono
una Canción llena la casa,
alma y espíritu se asoman
por la puerta del cambio
con gallardía e ímpetu inundan las calles...
su grito los sórdidos escuchan
una belleza ulterior
perece el miedo los días mejores vienen
la verdad compañera se puso la ropa
que le robó la locura.

Las notas unionistas
cantan contentas a la Matria
vienen por montañas a los valles
fundiendo al país que el Paladín soñó
ritmo contagioso popular
cadencioso, sutil, poderoso
alcanza a cojos, ciegos,
sordos y mudos.

Su aula dinámica,
su método constructivo
su técnica arropadora
sus instrumentos nuevos
sus rúbricas educan
su holística regeneradora:
la mujer, el indigente,
el vigilante,
la vendedora ambulante,
el militante, el protestante,
el lustrabotas, el canillita

y la ancianita bonita
todos caben.

Consensuamos
juntos somos uno
uno indestructible
aprendimos unidos
combatimos certeros
se quitó las cortinas
cayeron las telarañas y alimañas
de los ojos del alma
el radiante sol penetra por doquier
el semblante de los rostros
sin nombre y sin voz resplandecen
la cocina de María abunda la alegría
y la parcela de José cundida de flores
seguro habrá cosecha.

Presencia soberana

La gente y su presencia
define los países
sumando lo concerniente
recursos, cultura, técnica,
historias, experiencias, vivencias,
presencias, ausencias, alegatos, concordatos

el pensador advierte
perversa intención imperialista
llega opulento a vivir parasitario
traza fronteras
adueñándose de lo ajeno
anula al obrero
olvida por entero
ni su vida es suya
pues polvo es y no sabe.

Nosotros ciudadanos del mundo
culturas naciones juntas caminamos
a la aventura colectiva
otra civilización.

Confusión
élites autonombran gobiernos,
"gobiernos soberanos"
con juego brusco:
plutocracia, energúmenos
se quedan sin pueblo,
y el pueblo sin país.

Paz mirada floreciente
invaluable recompensa a medida del derecho
sol naciente y crepúsculo prometedor,
primaveral verdad
jardines de justicia,
fragancia señora libertad
la veracidad acaricia el estandarte del camino
la vida camina la playa serena
engalanando la época desde el altiplano al valle
confiados al destino vamos,
iluminados misma dirección a 180°
construyendo el anverso
el cielo rosedal diverso
que perfuma el universo
ánimo buscador fe canción, razón amor
soberano pueblo
ten paciencia que en la galaxia
la vía láctea mana leche y miel
y el hermano sol brilla feliz
amanece y asciende al cenit
de la más alta soberanía
y por fin hay para todos, pan y bebida.

Semejanza

Obra majestuosa del creador al sexto día
emergió de un soplido la humanidad
la imagen de lo que es
el aliento vital cubrió la faz del planeta
de seres vivos e inertes
de seres pensantes, sabios e inteligentes
como preciado regalo
en un halo de infinita generosidad.

La confianza las personas
reina la certeza
del infalible reciproco hombre-dios
como axioma pitagórico...
triángulo congruente y semejante
o resultante exponencial del esfuerzo
en la misión divinizante del cosmos
y humanizante del cielo
irreversible eterno tu creación.

La razón dilemática teleológica
los humanos luchan ganar para sí
la anhelada semejanza con Dios
motivados en la trascendencia valiente
así sueña despierto la semejanza alcanzar
verse cara a cara en las realidades eternas
y así combina pecado-vida
se desanima, cae, se levanta
y la felicidad olvida
y la semejanza se oculta una y otra vez
semejanza la tarea pendiente
de cumplirse pues no es para dejar.

Nuestros días

La convergencia muchas generaciones
un solo tiempo y espacio
época de transición mismo terreno
de la niñez a la madurez
conglomerado de gentes
pensantes multiculturales
de estilos probados y aventurados
venidos de guerras y exterminios
neceos y antropocenos.

Así son nuestros días
vamos en esta nave
con su Gran Historia
al ritmo de tempestades
y mar de polvo
que olvidó su Gloria
al son de viejas edades
turbulencias Anuncios
renuncias, Denuncias
y Profecías
así son nuestros días.

La crisis de hoy

La hija del profeta
sermoneada por papá
reprochada por la sociedad,
qué cosas,
cualquiera se cansa,
agota más que una maratón
ese rollo de vivir pendiente
del que dirán
en el boca a boca
en Facebook e Instagram
eso amiga mía no es vida.

La crisis de hoy
en demasía las cosas
en segundo lugar las personas
rodeados de artefactos comunicacionales
y al punto cero soledad abismal
vivir los sentidos instintivos
placer y autocomplacencia
en lugar de sana convivencia
en lugar de ver a secas
usar la imaginación,
en lugar del cuerpo y la mente
estimular Espíritu trascendente
con anhelos profundos.

Son días del laberinto
y su resto de síndromes:
síndrome de deficiencia espiritual
síndrome de materialismo compulsivo
trastorno de desarraigo cultural

buscando recetas en la Internet
en google y en yahoo
el remedio para discapacidades
y la eterna discusión
acerca de quién tiene la razón
...y así vamos,
como la hija del pastor
y Profeta del pueblo
quedando bien con todos
quedando mal consigo misma
postmodernos patas arriba

con suerte la crisis hoy
mañana otro día
transitaremos en calma
palma a palma otra Jerusalén nos habita
en los días que hoy asesinan Vida y Ser
sepa querida niña
--la vida se dio para diario crecer-
su escala usted misma siendo mejor que
ayer.

A un paso del mundo

Entramos ayer huyendo de la colonia,
después de la magia y el mito
salimos de antigua Babilonia
y antes del polvo espacial,
ya veníamos caminando con otros
del otro lado del siglo y del milenio
conversando idiomas,
oyendo profetas y mensajeros
herederos de culturas milenarias,
siendo Esencia y levadura
anhelando hermosura del cambio merecido
conquistando libertad soñada.

Avanzando vivimos en modo genuino
con canto alegre de compañeros
y con pájaros del bosque encantado
con manos forjadas
en planos y maquetas
pintamos complacientes figuras completas
y retratos inimaginables,
que caben en maletas, papiros
Bibliotecas y bicicletas
hermanados sonamos la trompeta
fumamos hierba de la paz
aprendimos a contar
y a cantar con nosotros:
no con regímenes, ni bajo gobiernos,
ni por instituciones moraleñas
internas o fuereñas.

La certeza respalda
que somos gemas pulidas
con brillo maleable y perdurable
de cúmulos cognitivos y persuasivos
iluminados por luces del conocimiento
lumbreras, faro sostenido por gigantes
producidas en ciencia y arte
de la fe y la conciencia
que ahora hacen valla
al honor y la gloria humana,
que es fuerte muralla
leyenda de humanidad postmoderna
construida por todos
a un paso del mundo.

La mujer y el hombre:
un sólo país

Oh dueño de alforjas apolilladas
¿cuándo crecerás?
cuando cuenta te darás
que nada tienes
aún tu vida es ajena
pertenece a la tierra amorfa hambrienta
siempre sedienta de otro cuerpo
esa misma que te dio
el origen evolutivo
la fisiología en celulosa
y tejida en organelos
llevas a hombros cargando muertos
de mundo, de honduras y vacío
entre ceja y mente
engañado por tus medios
el fin olvidaste.

El que llorando se va desnudo vino
polvo eres y a la tierra volverás
sentencia sagrada
no te aferres a lo efímero
advertencia profetizada.

Por favor,
te suplico,
vive suave y liviano.
te hiciste constructos sociales
empeoraste tus males
por esos anales
te hiciste más hojas que tamales.

Te ruego,
aprende a vivir bien
desde el bien tener
para bien hacer
maneja el buen convivir.

Te impero
primero el bien saber
solo vive bien quien bien sirve
espero puedas volar
con pájaros del mismo cielo
cristalices gotas del mismo océano
tormenta del mismo campo
vegas del mismo valle
sabes,
no hay atributos superiores
solo exclusiones mayores
que pronto pactan su fin
a fin que la ecuación
empareje la desigualdad
por inverso multiplicativo o sumativo
sumando uno o cero
por valor absoluto del que tiene vector
que factoriza el bien común
reduciendo términos semejantes
y divide en partes proporcionales
a los elementos del conjunto
hombre-mujer
familia-humanidad
en el mismo país del mismo planeta.

Hastío

Cuanto me duele verte tirada
abandonada en el suelo
mugrosa y adolorida
cuanto me duele verte migrada, golpeada
y amoratada.

Tus edemas duelen profundo
hasta el escalofrío
recorre los huesos fríos del alma
dueles tanto que me aguanto
la lágrima inevitable
al fin caliente la mejilla corre
me espanto
al tiempo da coraje la rabia es incontenible.

Dueles como página arrugada
salida historia espeluznante
que cuenta la madrugada
cuando llegaron a sacar tus hijos e hijas
y jamás los devolvieron.

Dueles en el alma y aún ríes
contemplando colibríes
mensajeros de mejores tiempos
ahora que no das señas de vida
y aún aturdida y atolondra
amas como nunca a tu heredad.

Patria o MATRIA o lo que sea
o lo que queda de vos
ya suspende la tempestad

cuál pena purgamos
siempre trabajamos
nada hemos hurtado nada
somos pueblo
todo se ha ganado en lucha
avanza crece, Jamás desmaya
en el campo y la playa
en la fábrica en el taller
en el mercado
con el arado, en todos lados
tu virtud alto quilate
ojalá pronto amanezca
un sol radiante
que traiga primaveras florecientes
impregnadas de fragancias
que aunque postreras
ya hacen falta;
y mandar al fin al infierno este hastío que
mata.

Unicidad

Un día caeremos en cuenta
un día seremos conscientes
un día estaremos presentes
un día seremos el país soñado
un día seremos aves surcando el cielo
con nubes pasajeras y llevadoras de mensajes
y noticias certeras

Un día seremos la raza,
la raza humana.

Un día el prejuicio nocivo y perverso
será solo un mal recuerdo
guardado en la bóveda del ayer.

Ese día hermana mía
será la unicidad de la humanidad.

Hormonas de Dios

Para unos, energía cósmica
generación espontánea
polvo de estrellas
qué importa...

Las hormonas de Dios
dieron origen a todo
regaló la creación en el Edén
y la serpiente en las narrativas culturales
dieron a Eva la manzana
que con ganas la comió
y Adán gustoso la saboreó...
al rato, desnudos la pareja se vio
echados al mundo
expulsados del paraíso.

Vino un mágico truco
Dios mandó a su Unigénito
y en tres días nos salvó
henos aquí jugando a dios
y con ojos abiertos
y perdiendo la paz
en el interludio del bien y el mal
y en el preludio, gloria e infierno.

La espiritualidad humana
mi predilecta la más perfecta
porque sin secta
es la muestra de Dios
dios que tenemos dentro
como sistema endocrino

disparando preciso
hormonas dinamizan el universo
fecundan el cosmos
licuefacción de ingredientes en otro estado
sin duda son
neuronas u hormonas de Dios.

Pasajeras de hoy

Mochila al hombro
libertad en su espalda
botas bien puestas
la apuesta de hoy
el mejor son bailar
que la vida presta y cobra.

Ella,
sí que lo sabe
el mundo conquista
su desnudez en el alma
y su sangre olas de mar en calma.
así vive su libertad y autonomía
su esencia no se arrodilla
siempre hace lo que le da la gana.

A ella jamás importa
la ideología urbana
la religión profana
así llega más lejos
aun en caminos disparejos
el boleto de vuelta siempre a la mano
pues lo ha pagado por anticipado.

Por eso vive
no presa del ayer
ni ansiosa del mañana.
solo vive pasajera hoy.

Poder

El poder
como ahora...Poder... Polución
conta-mi-nación.

Dominó sociedad de información
metió miedo neuronal, cuasi sepulcral,
poder mercado bursátil
especulación empobrecedora.
poder fabricado
fármaco-inventores
adictivos abusadores y
destructores de la economía.

Poder la fuerza por los demagogos zampados
en el erario público...es corrupción mortal;
el poder así ejercido es malévolo,
demoniaco insultante al soberano
soberano que tiende la mano...
...siempre listo al rescate,
aunque por eso se le mate,
y ahora te encarcelan por virus coronados,
condenados biocreados.

Soberano ir de la mano,
al servicio fraterno
de la hermana sociedad,
y del hermano planeta
poder reivindicativo
poder sustantivo
poder facultativo
a favor del oprimido

a favor de la humanidad
a tiempo la civilización.

Que por condición
nos viene en bendición,
el verdadero poder
servicio al SOBERANO.

Necesidad divina

Visionarios dicen
que Dios sintióse
en lejana soledad
vivir solo en la eternidad no le pareció
así tuvo que crear a la gente
de maíz y de barro.

Satisfizo su loca necesidad
necesidad de sentirse acompañado
por seres dominados libres iluminados,
y con cada ocurrencia suya
se ríe el Hacedor.

Su jajaja se oye en el trueno
en el rayo y la centella
en cada estrella que pasa
en cada gotita dulce néctar.

Se maravilla en un niño
se enorgullece de un héroe anónimo
que, aunque pequeñeces
a él le recuerda su pacto
multicolor en el cielo.

Y aquí abajo
el hombre pensativo
la mujer reflexiva
con hijos e hijas dubitativos,
y Dios acompañándolos
en segundos de eterna gratitud
por hermosa necesidad divina.

Evolución

¿Por qué la tierra respira?
porque el hombre muere
distopía
gran explosión inmaterial
big crunch siempre opuesta
a la apuesta por la utopía.
sociedad inmoral
que envuelve todo mal
entropía que confías
mesura isotrópica
y hasta tu sombra acechas.

¿Cuándo evolución serás revolución?
que conduzca al conglomerado
por el rumbo marcado
en la homeostasis
otro paraíso posible,
la dimensión de otra evolución.

Amor

Te lo dije
al fin te dije
que todo lo que dije
no te lo dije
solo lo dije
para no decírtelo
porque decírtelo
le arroba su encanto
entonces te lo dije
en tono suave lluvia deslizada en la ventana
y sin espaviento
en rítmico murmullo de olas que vienen y
van
blanco capullo rosal amoroso
fresco arroyo promesa eterna
cual luna tierna
que su lucero remira
enamorado como dopado
todo amor
te lo dije
todo amor
te lo pensé
todo amor te lo enseñé
todo amor
te amaré por siempre feliz.

Belleza

Escucha apacible melodía de antaño
el tiempo de hoy
eterno instante complaciente
hermosura la canción futura
habla sin tono del amor vivido
tú presencia en tu ausencia
la esencia amor conmigo
el calor tu beso enternecido
el caudal fluyente
no importa adónde si conmigo está
el hambre más
conformarse con poco
la dulzura fruta madura
la firmeza montaña con Mahoma
la profundidad del océano
y en el fondo quimiosintéticos vivos
el vuelo del águila partió energía al viento
huracanes agitan la mar con su aliento
la estrella matutina ilumina el día también
la luna cielo engalana
y a las estrellas enamora
belleza que me dejas con más ganas
saberte conocerte contemplarte.

Belleza,
¿por qué unos te desprecian?
mirá…vos tranquila,
la actitud de amarte es apta solo a
trascendentes
¿acaso no? belleza
dímelo tú.

Atributos

En el océano las honduras
en la cima de la montaña la altura
en la roca la dureza
en el agua la cristalinidad
en el fuego la purificación
en la tierra un voto del universo
en el aire los elementos
pero...en la persona...
todos los atributos posibles
plausibles y probables.

Que divinidad y generosidad
hacernos depositarios
responsabilidad suprema
cualidades por deidades otorgadas
a los ancestros conferidas
y nosotros jamás olvidamos.

En el nuevo andar,
la extensión del ojo de Dios
ve donde pocos pueden
porque no quieren
o ciegos están.

Sin atributos
somos menos que Homo Sapien
en la cadena de la evolución
la identidad humana
no puedes hacer tu santa gana
estas hipotecado con el sagrado
y lo pagas por cuotas al que está a tu lado.

Apariencia

Tigre por dentro,
sin rayas por fuera.
Mimetismo aprendido
al comienzo y con el renacimiento,
arte rupestre, muralismo, optimismo;
y ahora vestidos para:
Facebook, Instagram
Snapchat, YouTube...
embeleso de la capa invisible
enredados en la red
telarañados y prejuiciados
¡vaya, fregados!

Se vive en apariencia
y la esencia
parece no ocupar ni la ciencia,
y la fe se fue,
a dónde no sé
importa más el show,
lo mediático lo simpático
aunque más tarde venga
un látigo
¡vaya que fregados!

Vivimos juntos y separados
sociedad Información
instaló cortinas de oro
no vemos el tesoro
inaccesibles incuestionables
gasta combustible del mañana
hasta dejarnos lipidia

¡vaya que fregados!
así nos llevan,
así arruinados
viviendo sin esencia
y felices en apariencia.
¡Vaya que fregada!
infelices hemos quedado.

Vida común

La comandancia ejército de ciudadanos libres
al mando las ideas más modernas de la época
refugiados en el corazón del mundo
límpidos de interés, preferencias y gran propósito
originarios de tierras cósmicas
sistémico actuar a favor del humano.

En periodo transitivo [Madurez].

¡Como lo ves!
cero competencias
rico testimonio sólida acción
inteligentes y diligentes productos de la meta
disfrute del detalle, en la calle
en el muelle y todo lugar,
quienes buscan el bienestar
así son
unidad discurso de lo diverso
y a la vez
apuesta ciega lo que somos
eclecticidad la teoría
-bien común-.
así la ruta de la vida
existencia privilegiada familia
familia que mueve comunidad
y comunidad que sostiene al planeta
la correlación de sinergias repletas
fuente de energía alegría
conquistada justicia social

esto es
embrollo escollo crecimiento desarrollo
ligazón sentido común de los caminos
causa conducente al destino
-bienestar-
aprendimos de los errores, horrores,
yerros, frenos y otros sin sabores
ensayos previos, misceláneos y necesarios
incursionados procesos
de lo que vino
al fin, libres.

Espacio y tiempo:
¿A dónde va?

Llegamos al fin del espacio y del tiempo
como unicidad
con todos los conceptos
con todo lo que somos
llegamos.

Espacio y tiempo juntos.

Sin dicotomías
de árbol y lianas,
de bosques y desiertos
de playas y mares
de cielo y horizonte
de hombres y mujeres
de paralelo y perpendicular
de estrella y firmamento.

Llegamos, no hay retorno.

Cuanto se hizo antes
fue lámpara de este momento
con trilogías
ayer hoy y mañana
padre hijo y espíritu
luna tierra y sol
línea área y volumen
Sofía María Atea
país continente y planeta
pánico cordura y hermosura
génesis big bang y vía láctea

satélites cometas y estrellas

Llegamos juntos al fin del tiempo y del espacio
se acabó los afanes
la abundancia común es
la pobreza quedó olvidada
la muerte emigró
por rumbo desconocido.

Ahora sé
espacio y tiempo
a dónde va
a la indetenible eternidad.

Enemigos de sí mismos

Desde tiempos inmemoriales
se ha temido a los fenómenos grandes
turbulencias, maremotos
terremotos, al final de los tiempos
catástrofes desastres
naturales o sociales
y por reducción al absurdo que burdo
fíjate,
¿no es así?

Apocalipsis…

Ahora, no nos paraliza lo gigante
entonces ¿qué es?
¿los mitos modernos?
¿lo microscópico?
lo virulento lo microbiano
lo bacteriano y lo covidiano
con la presencia de evidencia
la gente inmovilizada
el humano sacrílego
en reverencia in-conciencia
lo humilde y sagrado
irrumpe todo ser y todo saber
escandaliza rivaliza
paraliza y atiza
y en filo de la espada
la vida y la muerte
vaya suerte, exponerte
fuera de toda lógica
en arma virológica te convierte.

El tribunal...

La élite Iscariote
otro acuerdo ha pactado
con bóvedas llenas
la humanidad ha menguado
y de la deuda se piensan librados
contagiosos desalmados,
el tribunal probo reprobó de ustedes
el fin de cada vida, dolor y sinsabor
en sentencia que redime la causa
dictó cadena perpetua.

Lágrimas

Autolimpieza del alma
por estímulos de cielos rotos
en pruebas de amor superadas
en pedazos de atardecer coloradas
por puestas de sol de la historia
esperando ansiosos el amanecer.

Lágrimas
respuesta amorosa
a anhelos armoniosos,
de madre satisfecha
como enredadera ligera
con hilitos acariciantes que todo hace nuevo
llenitos de alegría
con polluelos empapados
de felicidad ancestral
abrazadora del mundo sideral
y su canto arriba del árbol de la vida
volando su espacio de cielo
cómplice la vasta naturaleza humana.

Al emerger líquida
la garganta se atosiga
el corazón se detiene
la sangre se envenena
el espíritu se aflige
la mente se nubla
en la niebla de la corrupción
agita la mar, nubes oscurecen
y las corrientes de los vientos alisios
se vuelven suaves y entrecortadas.

Los volcanes la erupción
el río la inundación al bajar la lluvia
el rocío justo al amanecer
agua gotita que desliza por la cornisa
lágrimas, manifiesta pública
de la glándula amorosa,
rayito estelar
el brillo de tus ojos
y polvo húmedo de valle encantado
satisface lo que nadie puede;
lágrimas calientes por amor
yo contemplo aquí ausente
que tú llanto amoroso
es remedio celestial.

Libertad en tiempo de Covid19

El que tenga alma de poeta, educador,
ama de casa y campesino
y su voluntad anhela cambiar el revoltugio
anímese y deje el encierro
no se pone barrotes
a la palabra, la prosa, y el canto,
el libro, la herramienta y la cocina
libere su espíritu y su consciente
y abra las puertas de par en par al universo.

Contemos historias
con la expresión y el verso vivo
entonemos canciones pegajosas
y bailemos jubilosos
por lo que hemos superado.

Hagamos descripciones
de contenido
sociocultural
que nos lleven a los montes Urales,
getsemaní o Monte Carmelo
y a otras latitudes más allá del corazón
más allá de los confinamientos
en las justas magnitudes
a gusto de lo que exploramos
compartir fundiendo el advenimiento
del sano esparcimiento.

A verdecer los frutos de la historia
para refrescar la memoria
con proezas y glorias

en ambientes de hogar,
campo, leña e industrias
con oficios de Doctores e iletrados
rurales y urbanizados
todos necesarios
en la prevalencia de la transfiguración
en la incidencia del mundo
que ahora es de otros dueños
y más de los verdaderos
que lo hicieron presente
acción de Amor incuestionable
paradoja del virus OMSilatipaC
fastuosa aurora de sol naciente
amanece linda y el ocaso feliz agradece
la gran nave con rayos del sol de justicia
te juro y auguro la hambruna y penumbra
hoy para siempre se acabó.

Amaneceres

Vientos boreales
conspiración intergaláctica
de dragones y serpientes mitológicos
tu soplo
perfecto para versos y besos
originales y motivacionales
precioso presente del universo...
de la vía láctea y la magnetósfera
conversadora con el viento solar
en el tiempo propicio
para el diálogo reservado a noctámbulos
párvulos aprendices del cosmos.

Vientos australes
con la verdad por estandarte
y el verso en el anverso
y su música cautivadora
de los sentidos y emociones
de grandes amores
con tambor y maraca marcando el son
por invitación de la Zampoña
en la tierra del fuego y la Patagonia
y nuestro espíritu juguetonea
lo que viene es fiesta
el siglo de la luz vive en milenios
muralismo, impresionismo a punto de locura
el bandido sistema
holló sus raíces al abismo cayó
noticia buena el parto esperado
en el amanecer hijos
la aurora austral

efusión divino impulso
para acuciosos y curiosas
conspirando el día
trayendo armonía cantos siderales
llevando hondo a los abominables males.

Ángeles y demonios

Hoy
mis demonios y diablos
de verdad que se esfuerzan
en hacer la paz,
no más que en una batalla sin fin,
que a su paso es un torbellino
de sentimientos y emoción
y que deja un saldo rojo sangre,
abiertas heridas en el alma,
y agotamiento en los ventrículos del corazón,
y los bandos implicados,
ya quieren negociación,
conciertan ellos
y resuelven que así es el modo
de esta política demoníaca
que huele a infierno
y de paso, ya me harta.

¡Qué demonios!

Y mi Ángel pobrecito,
mi ángel se hace a un lado
viendo todo sin juzgar
a su observancia los sucesos
y después recoge partículas,
y masas de amasijos confusos,
y restos que se resisten a ser olvidados
de este amor enfermizo
que ya no sube a ningún piso
aun conociéndolos todos
porque no es asunto

de lógica y razón
o de fe y esperanza.

Es la confusión certera
de que no hay acuerdo
en un mundo al revés;
hasta que los demonios
se maten entre sí
o escuchen de una vez
al Ángel de su conciencia.

Ella lo sabe

Estoy para ella
no por exigencia
sino por propia voluntad
no es sujeción
sino
libertad de elección.

Ella lo sabe
que solo se ama y ya.
esa es la opción

Ella lo sabe
que sin ella
no vivo
sin ella
no canto
sin ella
no hay contrato
las cláusulas infinitas
por lo mismo indefinidas.

Ella lo sabe
nos dijo el alcalde
que sus hijos sean ciudadanos
el cura
hasta que la muerte los separe
y si queremos
seguir ¿más allá?
también ella lo sabe.

Eso

¿Qué es eso?
¿qué será?
yo solo sé
por la evidencia
por la vivencia
por la dehiscencia
por la relevancia
por la extrañez
por la singularidad
por la exquisitez
por la maravilla
por la excelsitud
porque vuelva a suceder...
¡que locura!

Sí.
Porque eso
me dispersó
a todas partes
sin moverme a ninguna.

Propuesta

Te propongo
amor mío
triturarnos a molino abierto
surtido de chorro de caricias
de zangarro sacando caña
esparcir aromas de los siglos venideros
inundados de olor los sentidos de los dioses
llenemos los vacíos del alma.

Te propongo
asemos a fuego lento
las carnes, ideas sentimientos
y estas emociones trasnochadas
que cantan como perro en la madrugada
que bailan encantadas
al amo del tiempo
traído de todas las estaciones
al invierno junto al fogón
cerquita del corazón
y con mucho sazón
sabor miel, canela,
dulce de panela
esperanza y colmena.

El ambiente esparce recuerdos
hilando esperanzas
tiempo que envuelve la realidad
y tú y yo
somos minoría de corto plazo
manecillas que giran
alrededor de mis pensamientos por ti.

Te propongo
que este calor naufrago
viva los días de los eternos
aunque afuera la llovizna relampaguee
con sus acompañantes enamorados
nuestras vertientes de música ligera
y el incendio amoroso provoca sed
hasta que llegue
la brisa boreal del día que soñamos.

La mujer de los pájaros

Me contó un amigo
la belleza de su semblanza
ella se volvió frecuente conversación
sin solicitarlo
el destino musitaba aquella delicada
presencia
-era una niña-

A través de gentes de espíritu aventurero
y siempre joven a través de la edad
y por medio de otros, en competencia y en
complicidad
acérqueme sin querer,
el pumpuneo del corazón truenos agitando
los pensamientos
la mar y su bravura el rompeolas costero
moviendo fuerte el crucero de mis días
dejándome sediento de conocer siempre más
de ella
y era tal, palmera esbelta en la rivera playera
que este riachuelo se confunde
pues ni la fuerza de los huracanes le mueve
permanece así,
con sus pelicanos, golondrinas y martines
pescadores
en santa armonía
cual cielo surcando hermosa manada de
pájaros migratorios,
vive con rumbo y propósito fijado al horizonte
del puerto seguro
trabajando duro hoy

y en su monte, pájaros madrugadores son testigos
-era adolescente-

Un sorpresivo día
supe su afición por las aves y sus historias,
la fascinación agradecida de aves matutinas
y sus bellos cantos en acción de gracias al Creador
a su mismo espíritu transfiguran.

Ella es, Águila, vuelo alto y mirada larga, y garra afilada,
ella es, Palomos amorosos anidando en la copa del tamarindo,
ella es, Aras macaos pintando cielos arcoíris
ella es Loras riendo suelta de sus líos,
ella es, colibríes jacobinos y esmeraldas;
ella es, todas en una junta de viaje al río felices al chapuzón.
-ella es la mujer-

Admira y agradece los días de aves
seres que con su volar
le han podido tanto enseñar:
al bosque ir por alimento
allí abunda que es un contento
y nutrir su colorida vida,
a su pareja de polluelos
en su nido feliz contemplar
viven, vuelan, cantan, ríen,
celebran, emigran...bailan
estoy seguro que a su nido regresan

no padece síndrome de nido ausente
son de un hogar lejano
-ella es la mujer de familia-

Ese canto en las madrugadas
mi canción predilecta
es su alimento espiritual
y su energía matinal
para la vida conquistar
igual que sus pájaros todoterreno
hoy, solo espera felicidad
en todo cielo,
en todos los mundos
en toda la tierra y
en toda circunstancia
para ella y sus polluelos
para ella, la bella...
...la mujer de los pájaros.

Preservando el amor

A donde voy...
amor mío...
después de los confines
más allá de esta isla planetaria
más allá de los umbrales físicos y materiales
quiero llevarte.

A donde voy...amor mío
ojalá pueda llevar tu imagen
ojalá pueda llevar tus sueños
y sino, amor mío
aunque sea tu recuerdo
o aunque sea, un te amo,
un Te amo en la eternidad.
un te amo
un te amo que preserve lo nuestro,
un te amo que preserve el amor
como un trofeo ganado por los dos.

Súplica

Una súplica
si es tu bondad
por favor concédela
que mi oído escuche
que mi ojo vea
que mis pies anden
que mi boca profese
que mi nariz huela
que mis manos amen
que mi corazón te ame.

Que mi cuerpo vibre de feliz
que mi mente domine este corcel
que mi espíritu te ame
que mi alma al fin te vea
una súplica que quieres
que así sea cumplido.

Que mi ojo y oído contemplen
que mi nariz y mi boca saboreen el mundo
que mis pies y mis manos sirvan
que mi corazón, cuerpo, mente y espíritu
sean la nebulosa
donde mi alma al fin libre sea una gota de
universo.

Esperando sanar

Ya no sé qué duele más
en el mundo
y a mí peor
ya no sé
si me duele la mente, el espíritu
o el alma
calma, calma, calma
respira, respira, respira
con cuidado busca
un motivo, una esperanza
si no hay,
inventa un aliciente
un agua bendita
un remedio de abuela
un recuerdo de buen tiempo
o escucha "Aleluya"
y retoma siervo tu corona
el mundo ahora espera
nos movemos heridos todos
pero vamos juntos en la misma manada
en la misma tierra contaminada
y ella también espera
ser sanada.

Cantos del viento

4:32 am
los zorzales cantan
los gallos anuncian
unos esposos luchan
la vida continúa.

4:50 am
un niño ve al cielo
una estrella alumbra
ya va a amanecer.

Unos cerdos domesticados
gorjean comida
auguran
navidad ya viene
todo es cambio.

5:04 am
dispuesto lo que sigue
la familia salió de crisis.
creación entera
sinfonía placentera
con cantos del viento
que invitan a vivir.

Al salir de la cueva

Será movimiento
no acostumbrado
¿te habías adaptado?
afuera
un lindo sol espera
una naturaleza cuenta historias
ruiseñores pintores
paisaje creacionista
todo agradable a la vista
y al corazón del huésped.

Al salir de la cueva
hollarás el camino de la paz
sabiéndote libre, grande, divino
el peregrino acompañado
mundo que avanza
con mochila ligera
gotitas viajantes alegres al océano.

Al salir de la cueva
otros saltarán
al encuentro posible
cantando saldrán
al salir de la cueva
hermanos serán
sin fronteras vivirán
sin prejuicios amarán.

Al salir de la cueva
veremos felices
el cielo del corazón

el arcoíris
el rostro Dios en el otro
pactaremos alianza perdurable
solo hermana mía
solo hermano mío
al salir de la cueva.

Nadie se va antes del día

Nadie se va antes del día
porque este está cargado
de minutos profundos y segundos infinitos
nadie se va antes del día
porque cada uno de estos
está lleno de infinitos destellos
de instantes bellos
nadie se va antes del día
porque el cuerpo
puñado de agilidad, felicidad no quiere irse
porque la mente brillante, ingeniosa y creativa
con sus ocurrencias a cualquiera cautiva
porque el espíritu de edades antiguas
atestigua ante la corte sagrada:
tu morada aún no está preparada aquí en el cielo
porque el alma fiel compañera de mortales
aún está en calma en reino terrestre agonizante
porque cuerpo mente espíritu y alma
aún no han conocido justicia y amor
verdaderos mensajeros de la vida
en un día del señor
nadie se va antes del día
hasta que todo se ha consumado.

En estos días

En estos días
en los que refugiados estamos
que a salvo nos ponemos
llenos de carga psicológica
que nos quita la paz
y otros que resilientes batallamos
porque la última palabra aún no se escribe
porque la verdad de tu actuar
es tenebrosa para el pando del poder.

En estos días
en que todo escasea
unos acusan a otros
por ser pobres de ladrones
y resulta que el descaro
está en los de cuello blanco
blanco como pálidos
pálidos como amarillentos
podridos
su glándula no funciona.

En estos días
de pandemia moral
subyace en las corrientes
holladas a lo más profundo
cimientos del nuevo mundo.

En estos días
sólo dos movimientos importan
los que defienden el mundo al revés
y los que promulgan un mundo integrador

donde todos cabemos
pues el océano amplio majestuoso
es la barca en la que todos remamos
y los rayos del sol alumbramos el camino
estos días, aunque sientas penuria
el dedo está puesto en el pulso del corazón
mi hermana tranquila
sólo son dolores del parto esperado en todas
las edades.

Diseño: Héctor – Chaco de la Pitoreta – Flores
Diagramación: Héctor – Chaco de la Pitoreta – Flores
Fotografía de portada: Malachy Kedley-Bergmann
Textos: Carlos Madrid

www.ingramcontent.com/pod-product-compliance
Lightning Source LLC
Chambersburg PA
CBHW052143150726
48002CB00003B/1050